Justyna Purwin

Die Avantgarde in der Kunst

GRIN Verlag

Bibliografische Information der Deutschen Nationalbibliothek:

Die Deutsche Bibliothek verzeichnet diese Publikation in der Deutschen National-
bibliografie; detaillierte bibliografische Daten sind im Internet über http://dnb.d-
nb.de/ abrufbar.

Impressum:

Copyright © 2006 GRIN Verlag GmbH
Druck und Bindung: Books on Demand GmbH, Norderstedt Germany
ISBN: 978-3-640-23282-6

Dieses Buch bei GRIN:

http://www.grin.com/de/e-book/59887/die-avantgarde-in-der-kunst

Universität Bremen
Studiengang: Kunstwissenschaft
Wintersemester 2005/2006

„Die Avantgarde"

Rezension von:

Justyna Purwin

<u>„Die Ausarbeitung des Referats vom 09.12. 05 und 16.12.05"</u>

1. Einführung

Die vorliegende Arbeit ist die Ausarbeitung des Referates zum Thema *„Die Avantgarde"*, welches ich in der Veranstaltung „Grundbegriffe des kunstwissenschaftlichen Arbeitens" am 09.12 und 16.12.05 an der Universität Bremen gehalten habe.

Diese Hausarbeit besteht aus sieben Teilen. Der erste Teil ist die Einführung. In dem zweiten Teil widme ich mich dem Begriff „Avantgarde". Hier wird seine Herkunft und seine Bedeutung im künstlerischen Zusammenhang erklärt. Daraufhin behandle ich einen der wichtigsten Postulate der Avantgardisten, d.h. die Negation der Autonomie der Kunst. Hierbei basiere ich ganz auf der Ausführung von Peter Bürger, die er in dem Buch „Theorie der Avantgarde" dargestellt hat. Der vierte Teil meiner Arbeit gilt dem Thema „Kunst und Politik".

Da die Avantgardisten ihr Ziel in der Verbindung von Kunst und Leben sahen, möchte ich zwei Wege vorstellen, die für die Erfüllung dieses Zieles gesehen wurden.

Der erste Weg ist die politische Adressierung der Kunst. Diesen Weg sind die Futuristen gegangen. Ich stelle die futuristische Bewegung vor, anhand ihrer Manifeste, mit denen ich mich viel auseinandergesetzt habe. Ich basiere hauptsächlich auf dem Buch von Umbro Apollonio „Der Futurismus", wo alle futuristischen Manifeste aus den Jahren 1909-1918 gesammelt wurden.

Der zweite Weg ist die Aufnahme des Alltagslebens in die Kunst. Diesen Weg haben die Dadaisten gewählt. Dada wird, laut Peter Bürger, als „radikalste Bewegung der europäischen Avantgarde" angesehen.

Zum Schluss diskutiere ich das umstrittene Thema „Das Nichterreichte der Avantgarde", und nehme meine eigene Stellung dazu.

2. Der Begriff „Avantgarde"

Es ist problematisch den Begriff „Avantgarde" eindeutig zu formulieren, da die Avantgarde aus heterogenen Gruppierungen bestand, und die avantgardistischen Programme sehr verschieden und teils widersprüchlich waren. Ich habe mich für das Erklärungsmodell von Karlheinz Barck und Peter Bürger entschieden, obwohl ich selber zu der Meinung tendiere, dass man den Begriff Avantgarde nicht eindeutig definieren kann.

Der Terminus „Avantgarde" stammt aus dem Französischen. Es ist ein militärischer Ausdruck, der bereits seit dem Mittelalter in Frankreich präsent ist. Avantgarde bedeutet in diesem Zusammenhang, eine Truppe die den Feind aufspürt, die Gefahrpunkte sondiert, und über die gegnerischen Bewegungen aufklärt. Die Avantgarde marschiert an der Spitze, sie ist strategisch gut vorbereitet.[1]

Der Begriff Avantgarde wurde auf verschiedene Bereiche übertragen: Kunst, Literatur, Film, Musik, Theater. Übertragen auf den Bereich der Kunst bezeichnet die Avantgarde, im weiteren Sinne, künstlerische Gruppierungen, die sich gegen herrschende Verhältnisse richten. Sie ist eine *„systemsprengende Opposition"*[2] mit kulturrevolutionärem Programm. Zum ersten Mal wurde dieser Begriff 1825 im künstlerischen Zusammenhang 1825 verwendet.[3] Damals hat man diesen militärischen Terminus auf die Künstler, als Protagonisten einer saint-simonischen Avantgarde, übertragen.[4]

Ideologisch unterscheidet man zwischen der ästhetischen und der politischen Avantgarde. Aus geschichtlichem Grund teilt man die Avantgarde in die sog. „historische Avantgarde" und die Neoavantgarde. Peter Bürger zählt zu den historischen Avantgardebewegungen: vor allem Dadaismus, frühen Surrealismus und die russische Avantgarde nach der Oktoberrevolution, die sich alle gegen die Institution Kunst wenden. Mit Einschränkungen gilt dies auch für den italienischen Futurismus und den deutschen Expressionismus. Was den Kubismus angeht, verfolgt er zwar nicht die Grundtendenz der Avantgardisten, dh. die Überführung der Kunst in die Lebenspraxis, doch stellt er das seit der Renaissance geltende Darstellungssystem des zentralperspektivischen Bildaufbaus in Frage und deshalb wird er von Bürger zu den historischen Avantgardebewegungen gezählt.[5]

---

[1] Barck, Karlheinz: Avantgarde. In: Ästhetische Grundbegriffe. Hrsg. Von K.Barck, M. Fontius, D. Schlenstedt, B. Steinwachs, F. Wolfzettel. J.B. Metzler. S.544-545 und 548-549
[2] Dröge, Franz, Michael Müller: Die Macht der Schönheit. Die Avantgarde und Faschismus oder die Geburt der Massenkultur, Hamburg 1995.
[3] Barck, Karlheinz: Avantgarde. In: Ästhetische Grundbegriffe. Hrsg. Von K.Barck, M. Fontius, D. Schlenstedt, B. Steinwachs, F. Wolfzettel. J.B. Metzler. S.549
[4] Henri Saint-Simon gilt als größter Anreger des französischen Sozialismus. Die Hauptgebiete seiner Lehre waren die neue Industriegesellschaft und die klassenlose Gesellschaft. Henri Saint-Simon und seine Anhänger traten für eine Avantgarde, die sich aus Künstlern, Wissenschaftlern und Industriellen zusammensetzt und sich vornehmlich dem gesellschaftlichen und technischen Fortschritt widmet. Diese Konzepte erreichten ihren Höhepunkt während der achtundvierziger Revolution, wo die Gleichsetzung von politischem und künstlerischem Fortschritt erreicht wurde.
Reinhold Grimm, Jost Hermand (Hrsg.): Faschismus und Avantgarde. Königstein: Athenäum, 1980. S.2
[5] Bürger, Peter: Theorie der Avantgarde. Frankfurt am Main: Suhrkamp. 1974. S.44

Die „historischen Avantgarden" datiert man auf den Zeitraum zwischen 1910-1930.[6] Die „historische Avantgarde" wird in die Vor- und Nachkriegsavantgarde geteilt (gemeint ist der I Weltkrieg). Karlheinz Barck unterscheidet sogar zwischen drei Wellenbewegungen der Avantgarde:

1. die Avantgarde vor dem I Weltkrieg mit dem italienischen Futurismus als Zentrum
2. der internationale Dadaismus, der französische Surrealismus, der sowjetische Konstruktivismus als Epizentren
3. die sich um 1930 formierende Kunst, die eng mit der Politik verbunden ist.[7]

Wenn man heute über Avantgarde spricht, ist damit oft ein spezifischer Avantgardebegriff gemeint, der das umfasst, was als „historische Avantgarde" bezeichnet wird. Die „historischen Avantgarden" lehnen die überkommenen Gattungsgrenzen des Kunstwerks und seinen Status als autonomes, von Politik und Alltag abgekoppeltes Artefakt ab. Deren Ziel ist es unter anderem, die Kunst in die Lebenspraxis zurückzuführen.

Die Neoavantgarde nach Peter Bürger negiert die avantgardistische Intention einer Rückführung der Kunst in die Lebenspraxis. Sie ist seiner Meinung nach, nicht mehr als fortschrittlich anzusehen. Sie arbeitet mit den Mitteln der Avantgarde, ohne deren Ziele vertreten zu können.[8]

Als letztes Stadium der Avantgarde wird die Postmoderne angesehen. Sie wird von den amerikanischen Kritikern als „Endspiel der Avantgarde" und Bruch mit den Fortschrittsideologien verstanden.[9]

Unter ästhetischer Avantgarde kann man die Völle der ästhetischen Innovationen bezeichnen, wie Z.B.: die Auflösung der perspektivistischen Ordnung, die Aufhebung der Trennung von Kunst und Leben, sowie die Negation der Autonomie der Kunst.

---

[6] Barck, Karlheinz: Avantgarde. In: Ästhetische Grundbegriffe. Hrsg. Von K.Barck, M. Fontius, D. Schlenstedt, B. Steinwachs, F. Wolfzettel. J.B. Metzler. S. 570

[7] Barck, Karlheinz: Avantgarde. In: Ästhetische Grundbegriffe. Hrsg. Von K.Barck, M. Fontius, D. Schlenstedt, B. Steinwachs, F. Wolfzettel. J.B. Metzler. S. 553

[8] Bürger, Peter: Theorie der Avantgarde. Frankfurt am Main: Suhrkamp. 1974. S.80

[9] Barck, Karlheinz: Avantgarde. In: Ästhetische Grundbegriffe. Hrsg. Von K.Barck, M. Fontius, D. Schlenstedt, B. Steinwachs, F. Wolfzettel. J.B. Metzler. S. 545

Unter politischer Avantgarde kann man die avantgardistische Bewegung verstehen, die sich stark für die Verbindung von Kunst und Politik ausgesprochen hat.

3. Die Negation der Autonomie der Kunst durch die Avantgarde

Um das Thema der Negation der Autonomie der Kunst durch die Avantgarde verständlich zu schildern, skizziert Peter Bürger die Entwicklung der Unterkategorien des Begriffs „Autonomie" von der sakralen Kunst, über die höfische Kunst bis zur bürgerlichen Kunst. Er bedient sich dreier Kategorien: 1.Verwendungszweck, 2. Produktion und 3. Rezeption.

Die für die Kunst in der bürgerlichen Gesellschaft charakteristische individuelle Produktionsweise entsteht erst innerhalb der höfischen Kunst. Die sakrale Kunst dagegen wird noch kollektiv und handwerklich produziert. Was den Prozess der Rezeption angeht, haben die sakrale und die höfische Kunst eine Gemeinsamkeit: sie sind beide in die Lebenspraxis der Rezipienten eingebunden, obwohl der Inhalt der kollektiven Veranstaltung ein anderer ist (sakral vs. gesellig). In der bürgerlichen Kunst tritt eine wesentliche Veränderung ein: sie wird zum ersten Mal vom einzelnen Individuum aufgenommen.

Die sakrale und die höfische Kunst haben einen genau umrissenen Verwendungszweck: für die sakrale Kunst ist es ein Kultobjekt (z.B. die Kunst des Hochmittelalters) und für die höfische Kunst ist es ein Repräsentationsobjekt (z.B. Kunst am Hof Ludwigs XIV, die dem Ruhm des Fürsten und der Selbstdarstellung der höfischen Gesellschaft dient). Sie sind auch in jeweils unterschiedliche Weise in die Lebenspraxis der Rezipienten eingebunden. Die höfische Kunst ist ein Teil der Lebenspraxis der höfischen Gesellschaft und die sakrale Kunst ein Teil der Lebenspraxis der Gläubigen. Dies gilt nicht für die bürgerliche Kunst. Die Darstellung des bürgerlichen Selbstverständnisses findet außerhalb der Lebenspraxis statt. Die Trennung der Kunst von der Lebenspraxis wurde zum entscheidenden Merkmal der Autonomie der bürgerlichen Kunst. Bürger betont dabei, dass die Autonomie in diesem Sinne, den Status der Kunst in der bürgerlichen Gesellschaft bezeichnet.

Die europäischen Avantgardebewegungen lassen sich als Angriff auf den Status der Kunst in der bürgerlichen Gesellschaft bestimmen. Negiert wird die Institution der Kunst als eine von der Lebenspraxis der Menschen abgehobene Kunst. Das Ziel der Avantgardisten war, die Überführung der Kunst in die Lebenspraxis.

Wenn man die Intention der Aufhebung der Institution Kunst, von den Avantgardisten unter denselben drei Punkten (Verwendungszweck, Produktion, Rezeption) betrachtet, ist es am schwierigsten die Kategorie „Verwendungszweck" zu bestimmen. Laut Bürger lässt die Konzeption der Aufhebung der Kunst in der Lebenspraxis die Bestimmung eines Verwendungszwecks nicht zu. *„Wenn Kunst und Lebenspraxis eine Einheit bilden, wenn die Praxis ästhetisch ist und die Kunst praktisch, dann ist ein Verwendungszweck der Kunst nicht mehr auszumachen, und zwar deshalb nicht, weil die für den Begriff Verwendungszweck konstitutive Trennung zweier Bereiche (Kunst und Lebenspraxis) nicht mehr gilt".*[10]

Was die Produktion angeht, postulieren die Avantgardisten die radikale Negation der Kategorie der individuellen Produktion. Das Kollektiv wird zum Subjekt des Schaffens [z.B. die Serienprodukte von Duchamp, (ein Urinoir oder ein Flaschentrockner)].

Die Kategorie der individuellen Rezeption wird von der Avantgarde genauso wie die Kategorie der individuellen Produktion negiert. *„Die Reaktionen des durch Provokation aufgebrachten Publikums einer Dadaveranstaltung, die von Gebrüll bis zu Handgreiflichkeiten reichen, sind entschieden kollektiver Natur"* [11]

Zusammenfassend kann man sagen, dass die Avantgarde die Abgehobenheit der Kunst von der Lebenspraxis, die individuelle Rezeption und die individuelle Produktion negiert. Das Ziel der Avantgarde ist die Aufhebung der autonomen Kunst im Sinne einer Überführung der Kunst in die Lebenspraxis. Bürger macht die interessante Bemerkung, dass in der bürgerlichen Gesellschaft eine falsche Überführung der autonomen Kunst stattfand. Dies bezeugen die Unterhaltungsliteratur und die Warenästhetik. Die Unterhaltungsliteratur ist, laut Bürger, ein Unterwerfungsinstrument, weil sie dem Leser ein bestimmtes Konsumverhalten aufzwingt. Die Warenästhetik behandelt die Form als bloßen Reiz, um den Käufer zum Kauf zu veranlassen.[12]

4. Kunst und Politik

---

[10] Bürger, Peter: Theorie der Avantgarde. Frankfurt am Main: Suhrkamp. 1974. S.69

[11] Bürger, Peter: Theorie der Avantgarde. Frankfurt am Main: Suhrkamp. 1974. S.71

[12] Bürger, Peter: Theorie der Avantgarde. Frankfurt am Main: Suhrkamp. 1974. S.63-73

Der Terminus „Avantgarde", der vor dem I Weltkrieg die künstlerischen Bewegungen und die ästhetischen Innovationen beschrieb, wird danach deutlich politischer. Die Nachkriegsavantgarde spricht sich für die Verbindung von Kunst und Politik aus. Dies beeinflussten unter Anderem drei Faktoren:

1. Der Zusammenbruch der bürgerlichen Ordnung und Fortschrittsideologien auf den Schlachtfeldern des I Weltkrieges.
2. Die neunen technischen und wissenschaftlichen Entwicklungen.
3. Die Entstehung integrativer Künste (z.B. des Stummfilms)[13]

Nach dem I Weltkrieg wird das Schema *alt/modern* oder *alt/neu* durch einen politischen Code *progressiv/konservativ* bzw. *fortschrittlich/reaktionär* ersetzt. Die Umcodierung des Avantgardebegriffs hatte zwei Seiten:

1. Die Öffnung der einzelnen Künste auf fortgeschrittene Standards in Wissenschaft und Technik
2. Die Politisierung (die Koordinierung künstlerischer Praxis mit „fortschrittlichen" politischen Bewegungen, Gruppen und Parteien)[14]

Die Politisierung der Kunst bezieht sich auf den Gesamtprozess von Kunstproduktion und Kunstrezeption. Sie ist abhängig von historischen Bedingungen der Kunstproduktion. Für die Avantgarde hatte die Politisierung der Kunst viele Facetten: die Verwendung der Kunst als Waffe in der politischen Auseinandersetzung; das Bestreben, die Kunst in Lebenspraxis zurückzuführen und sie mit sozialen Zwecken zu verbinden. [15] Ein Beispiel für die Politisierung der Kunst mag Filippo Tommaso Marinetti sein, der die futuristische Avantgarde in Italien politisiert hat.

Die Avantgarden betrachten sich als die künstlerische Moderne. Sie verstehen sie aber als Nicht-Festgelegtheit des Modernisierungsprozesses. Die Modernisierung ist ein gesellschaftlicher Prozess und als solcher ist er nicht festgelegt. Er soll seinen eigenen

---

[13] Barck, Karlheinz: Avantgarde. In: Ästhetische Grundbegriffe. Hrsg. Von K.Barck, M. Fontius, D. Schlenstedt, B. Steinwachs, F. Wolfzettel. J.B. Metzler. S. 559-560

[14] Barck, Karlheinz: Avantgarde. In: Ästhetische Grundbegriffe. Hrsg. Von K.Barck, M. Fontius, D. Schlenstedt, B. Steinwachs, F. Wolfzettel. J.B. Metzler. S. 560-561

[15] http://www.ish.uni-hannover.de/Dateien/staff/lh/psy_plak1_lh.html

unvorhersehbaren Lauf überlassen werden und nicht von den Entscheidungen eines Subjekts gesteuert werden. In dieser Hinsicht unterscheiden sich die Avantgarden von den Nationalsozialisten, die die Zufälligkeiten des gesellschaftlichen Prozesses beseitigen wollten. Sie gehen von der absoluten Determiniertheit oder Festlegung des Modernisierungsbegriffs aus. Der Staat legt Richtung und Rhythmus des Modernisierungsprozesses fest.[16]

Die Strategie, die die Faschisten einsetzten, ist die Ästhetisierung von Politik. Ein gutes Beispiel für eine solche Strategie bietet das Amt Schönheit der Arbeit. Das Ziel dieser staatlichen Behörde und anderen staatlichen Maßnahmen zur Verschönerung und Verbesserung des Arbeitsplatzes ist die Substituierung jener traditionalen Elemente, die durch den Modernisierungsprozess vernichtet worden sind, deren Vorhandensein aber für das Funktionieren eines Unternehmens unabdingbar ist. Der ästhetische Einsatz verleiht ein Gefühl von Gemeinschaftlichkeit und Einheit.

Die Demonstration der Einheit lässt sich in der Architektur und in der Inszenierung öffentlicher Veranstaltungen und Feiern finden. Das Merkmal aller großen Aufmarschplätze des Nationalsozialismus ist eine völlige Umschließung der Versammelten und die Geschlossenheit des Raumes. Die Dramaturgie der Festveranstaltungen zielt auf die Herstellung von Dauer und Ewigkeit.[17]

Was die Architektur angeht, greifen die Faschisten auf die Tradition zurück. Hitler lässt den Faschismus durch den so genannten römischen Stil repräsentieren.

Der Staat und die Gesellschaft wird zum Kunstwerk. Das künstlerische Genie ist Politiker, und sein Werk ist die Gemeinschaft.

Während sich die Futuristen in Italien der Unterstützung der Partei erfreuen, wurden in Deutschland alle avantgardistischen Konzepte als jüdisch und entartet angesehen. Der Faschismus verstand sich selbst als Avantgarde, als eine Vorhut, welche die Gesellschaft in das nachliberale Zeitalter führend wird.

Die Avantgardisten sahen die Gefahr, dass die Kunst durch die Politik missbraucht wird. Aber als die Nationalisten 1933 an die Macht kamen, war es mit der Avantgarde endgültig

---

[16] Dröge, Franz, Michael Müller: Die Macht der Schönheit. Die Avantgarde und Faschismus oder die Geburt der Massenkultur, Hamburg 1995.

[17] Klinger, Cornelia: Flucht, Trost, Revolte. Die Moderne und ihre ästhetischen Gegenwelten. München, Wien: Carl Hanser. 1995. S. 195-218

vorbei. [18] Die Nazi-Diktatur beendete den avantgardistischen Aufschwung. Der Großteil der deutschen Avantgardisten wurde ins Exil getrieben.

5. Futurismus

Futurismus ist eine italienisch geprägte literarische, künstlerische und politische Bewegung. Der Name kommt vom lateinischen „futurum" und bedeutet Zukunft. Futurismus bekämpfte Traditionen und zeigte sich begeistert von der Technik der modernen Maschinen, von Dynamik und Geschwindigkeit. Die Futuristen verherrlichten die Jugend, die Geschwindigkeit und die Gewalt des Krieges.[19] Dementsprechend versuchten sie Bewegung und Tempo in ihren Bildern wiederzugeben. Sie versuchten das zeitliche Nacheinander einer Aktion im Bild, durch Überlagerungen und Durchdringungen, als ein Nebeneinander darzustellen. Sie preisten jede Form von Originalität. Der Wert eines Werkes wurde durch seine Seltenheit bestimmt. Zu den wichtigsten Vertretern des Futurismus gehörten: Giacomo Balla, Umberto Boccioni, Carlo Carrà, Gino Severini, Luigi Russolo und Filippo Tommaso Marinetti.

Am 20. Februar 1909 publizierte der italienische Dichter Filippo Tommaso Marinetti in der französischen Zeitung Le Figaro sein erstes futuristisches Manifest und gründete damit die futuristische Bewegung.

Das Manifest gliedert sich in drei Teile: eine Einleitung, 11 Thesen und einen Ausblick. Dieses Manifest ist als Angriff auf die herrschenden Überzeugungen und als eine Aufforderung zum Brechen mit jeglicher Tradition zu verstehen.

Manifest des Futurismus

1. *Wir wollen die Liebe zur Gefahr besingen, die Vertrautheit mit Energie und Verwegenheit.*
2. *Mut, Kühnheit und Auflehnung werden die Wesenselemente unserer Dichtung sein.*

---

[18] Reinhold Grimm/Jost Hermand (Hrsg.): Faschismus und Avantgarde. Königstein: Athenäum. 1980.
[19] Müller, Hans Herman: Kunstgeschichte II. 19. und 20. Jahrhundert. Mannheim: Duden. 2003. S.60

3. Bis heute hat die Literatur die gedankenschwere Unbeweglichkeit, die Ekstase und den Schlaf gepriesen. Wir wollen preisen die angriffslustige Bewegung, die fiebrige Schlaflosigkeit, den Laufschritt, den Salto mortale, die Ohrfeige und den Faustschlag.

4. Wir erklären, dass sich die Herrlichkeit der Welt um eine neue Schönheit bereichert hat: die Schönheit der Geschwindigkeit. Ein Rennwagen, dessen Karosserie große Rohre schmücken, die Schlangen mit explosivem Atem gleichen... ein aufheulendes Auto, das auf Kartäschen zu laufen scheint, ist schöner als die Nike von Samothrake.

5. Wir wollen den Mann besingen, der das Steuer hält, dessen Idealachse die Erde durchquert, die selbst auf ihrer Bahn dahinjagt.

6. Der Dichter muss sich glühend, glanzvoll und freigebig verschwenden, um die leidenschaftliche Inbrunst der Urelemente zu vermehren.

7. Schönheit gibt es nur noch im Kampf. Ein Werk ohne aggressiven Charakter kann kein Meisterwerk sein. Die Dichtung muss aufgefasst werden als ein heftiger Angriff auf die unbekannten Kräfte, um sie zu zwingen, sich vor den Menschen zu beugen.

8. Wir stehen auf dem äußersten Vorgebirge der Jahrhunderte! ... Warum sollten wir zurückblicken, wenn wir die geheimnisvollen Tore des Unmöglichen aufbrechen wollen? Zeit und Raum sind gestern gestorben. Wir leben bereits im Absoluten, denn wir haben schon die ewige, allgegenwärtige Geschwindigkeit erschaffen.

9. Wir wollen den Krieg verherrlichen – diese einzige Hygiene der Welt – den Militarismus, den Patriotismus, die Vernichtungstat der Anarchisten, die schönen Ideen, für die man stirbt, und die Verachtung des Weibes.

10. Wir wollen die Museen, die Bibliotheken und die Akademien jeder Art zerstören und gegen den Moralismus, den Feminismus und jede Feigheit kämpfen, die auf Zweckmäßigkeit und Eigennutz beruht.

11. Wir werden die großen Menschenmengen besingen, die die Arbeit, das Vergnügen oder der Aufruhr erregt; besingen werden wir die vielfarbige, vielstimmige Flut der Revolution in den modernen Hauptstädten; besingen werden wir die nächtliche, vibrierende Glut der Arsenale und Werften, die von grellen elektrischen Monden erleuchtet werden; die gefräßigen Bahnhöfe, die rauchende Schlangen verzehren; die Fabriken, die mit ihren sich hochwindenden Rauchfäden an den Wolken hängen; die Brücken, die wie gigantische Athleten Flüsse überspannen, die in der Sonne wie Messer aufblitzen; die abenteuersuchenden Dampfer, die den Horizont wittern; die breitbrüstigen Lokomotiven, die auf den Schienen wie riesige, mit Rohren gezäumte Stahlrosse einherstampfen und den gleitenden Flug der Flugzeuge, deren Propeller

wie eine Fahne im Winde knattert und Beifall zu klatschen scheint wie eine begeisterte Menge.[20]

In dem Ausblick des Manifests befindet sich auch ein interessanter Ausruf, der auf die Radikalität der Futuristen hindeutet:

„Legt Feuer an die Regale der Bibliotheken! ...Leitet den Lauf der Kanäle ab, um die Museen zu überschwemmen! ... Oh, welche Freude, auf dem Wasser die alten, ruhmreichen Bilder zerfetzt und entfärbt treiben zu sehen!"[21]

In der Wirklichkeit war es so, dass die futuristischen Manifeste oft viel radikaler als ihre Umsetzung waren und die futuristischen Werke nicht immer den Forderungen entsprachen, die in Schriften und Dichtungen aufgestellt wurden.

Die Zeit zwischen dem ersten futuristischen Manifest im Jahre 1909 und dem Kriegseintritt Italiens war die eigentliche Blütezeit des italienischen Futurismus. Nach dem Krieg erreichte der Futurismus nie wieder die Bedeutung, die er vor dem Krieg hatte.

Die Futuristen waren der Meinung, dass man die dynamische Empfindung eines Gegenstandes, also seinen besonderen Rhythmus, seine Tendenz, seine Bewegung, die ihm innewohnende Kraft wiedergeben muss. Der Betrachter soll mitten ins Bild gesetzt werden.

„Mit dem Dynamismus steigt die Kunst also auf eine höhere Stufe, schafft einen Stil und wird zum Ausdruck unserer Epoche der Geschwindigkeit und Simultaneität"[22]

Die Futuristen widersetzten sich der Auflösung der Gegenstände, die laut ihnen eine fatale Folge des Impressionismus war. Obwohl es manchmal schwer ist, futuristische Bilder von den kubistischen Bildern zu unterscheiden, betonen die Futuristen, keine Kubisten zu sein.

„Obwohl wir den Mut unserer Kubistischen Freunde bewundern, die sehr bedeutende Maler sind und die eine lobenswerte Verachtung für den Händlergeist in der Kunst und einen

---

[20] Marinetti, F.T.: Gründung und Manifest des Futurismus. In: Der Futurismus. Manifeste und Dokumente einer künstlerischen Revolution 1909-1918. Apollonio, Umbro. Köln: Verlag M. DuMont Schauberg. 1972. S.33 und 34

[21] Apollonio, Umbro: Der Futurismus. Manifeste und Dokumente einer künstlerischen Revolution 1909-1918.Köln: Verlag M. DuMont Schauberg. 1972. S.35

[22] Boccioni, Umberto: Bildnerischer Dynamismus. In: Der Futurismus. Manifeste und Dokumente einer künstlerischen Revolution 1909-1918. Apollonio, Umbro. Köln: Verlag M. DuMont Schauberg. 1972. S.117

starken Hass gegen den Akademismus gezeigt haben, fühlen und erklären wir uns dennoch als die Antipoden ihrer Kunst".[23]

Die Kubisten gelangten zur Vereinigung mannigfaltiger Objektansichten und präsentierten ein Objekt statisch. Bei den Futuristen dagegen legt sich ein Objekt über das andere. Die Umgebung zersplittert es oft mit einer Dynamik. Bei den Kubisten dreht sich die Komposition um eine einzige Achse und vollzieht sich um einen regelmäßigen Einschlag. Bei den Futuristen dagegen zeigt sich eine Verteilung über verschiedene, einander kreuzende Achsen sowie ein in sich verbundenes Spiel vielfältiger Verschiebungen.[24]

Anders als in Deutschland, kann sich der Futurismus in Italien frei entwickeln. Mussolini zeigt seine Vorliebe für die avantgardistische Kunst und Architektur. Er glaubte fest daran, dass die Bewegung sei, was das zwanzigste Jahrhundert charakterisiere. Er simpatisierte mit den Futuristen, die gegen monumentale Kunst protestierten und das befürworteten, was „rasend modern" war.[25]

Die Bewunderung des technischen Fortschritts bezogen die Futuristen auch auf Waffen und kriegerische Handlungen. Der Krieg wurde als „einzige Hygiene der Welt" verherrlicht aber auch viele Futuristen waren von dem Faschismus begeistert. Daher erstaunt nicht, dass sie den Kriegseintritt Italiens bejubelten. Obwohl man gewisse Parallelen zwischen dem Futurismus und dem Faschismus erkennen kann, denke ich, dass man zu weit gehen würde, wenn man den Futurismus als faschistische Kunst verstehen würde.

6. Dadaismus

Dada kann als künstlerische Reaktion auf die Erschütterungen der Zeit des 1. Weltkrieges verstanden werden. Sie zog das Fazit aus dem Fiasko der Fortschrittbegeisterung und postulierte den Triumph des Absurden und Paradoxen. Sie richtete sich gegen den Krieg und distanzierte sich deswegen von dem Futurismus. Dada war ein Angriff auf die Zivilisation, die den Krieg hervorgebracht hat, also auch auf ihre Sprachwelt, Bilderwelt und auf die

---

[23] Boccioni, Carra, Russolo, Balla, Severini: Vorwort zum Katalog der Ausstellungen in Paris, London, Berlin, Brüssel, München, Hamburg, Wein usw. In: Der Futurismus. Manifeste und Dokumente einer künstlerischen Revolution 1909-1918. Apollonio, Umbro. Köln: Verlag M. DuMont Schauberg. 1972. S.59

[24] Apollonio, Umbro: Der Futurismus. Manifeste und Dokumente einer künstlerischen Revolution 1909-1918.Köln: Verlag M. DuMont Schauberg. 1972. S.16 und 17

[25] Reinhold Grimm/Jost Hermand (Hrsg.): Faschismus und Avantgarde. Königstein: Athenäum. 1980.

„unvergänglichen Werte".[26] Die Dadaisten standen nicht nur in einer Gegenposition zur Politik und Gesellschaft im frühen 20. Jahrhundert, sondern auch zu den Kunstrichtungen, die mit dem Dadaismus synchron verlaufen sind (Kubismus, Futurismus, Expressionismus).[27]

Dadaismus betrachtete Sinnloses und Banales als ein Mittel, die bürgerliche Kunst und Kultur der Lächerlichkeit preiszugeben. Die Dadaisten heben die Grenze zwischen Kunst und Nicht-Kunst; den Gegensatz von künstlerischer Praxis und Lebenspraxis auf. Dada will Aufsehen erregen. Das Publikum soll in Erstaunen versetzt werden; provoziert und schockiert werden. Nicht ohne Grund nennt Peter Bürger den Dadaismus die „radikalste Bewegung der europäischen Avantgarde".[28]

Dadaismus stellte die vergangene Epoche in Frage, ohne aber eine Alternative anbieten zu können. Die Dadaisten suchten einen neuen Anfang. Dieser konnte allerdings nur dann geschehen, wenn man das Alte in Trümmer schlug.

Obwohl der Dadaismus die Fortschritts- und Ordnungsideologien kritisierte, stand im Zentrum ihres Interesses die Alltagswelt, die zum Raum neuer, von Technik bestimmter Erfahrungen wurde. Technisierung des Verkehrs, der Kommunikation, der Medien; Anwendung der Elektrizität; Modernisierung der Stadtplanung; Industrieproduktion von Massengütern waren die Themen, die in ihrer Kunst auftauchten. Die Dadaisten, sowie die anderen Avantgardisten waren nämlich im Großstadtraum, in den Metropolen zu Hause.

Das Wort „Dada" ist mit einer Legende verbunden. Man sagt, dass die an einem Abend um Hugo Ball versammelten Künstler, ein Federmesser in ein deutsch-französisches Wörterbuch geworfen haben und es blieb auf dem Wort „Dada" hängen, was in der französischen Kindersprache ein „Pferdchen" bedeutet. Andere beharren auf der Erklärung, dass die Anregung für die Namensgebung der Gruppe ein bekanntes Haarwaschmittel „DADA" war.

Das offizielle Dada-Datum ist der 5 Februar 1916. An diesem Tag wurde in Zürich das „Cabaret Voltaire" eröffnet. Es war eine Gruppe jünger Künstler und Literaten, deren Ziel es war, einen Mittelpunkt für die künstlerische Unterhaltung zu schaffen. Dort wurde diskutiert, gelacht, getrunken und experimentiert. Es wurden Auftritte und Lesungen organisiert. Die Revolutionisierung der Vortragkunst ist die Folge des „Cabaret Voltaire". Hugo Ball, Emmy

---

[26] Ruhrberg, Karl. Manfred Schneckenburger. Christiane Fricke: Kunst des 20. Jahrhunderts. Malerei, Skulpturen und Objekte, Neue Medien, Fotografie. Hrsg. v. Ingo F. Walther. Köln: Taschen, 2002. S.119
[27] Korte Hermann: Die Dadaisten. Reinbek bei Hamburg: Rowohlt. 2003. S.9

[28] Bürger, Peter: Theorie der Avantgarde. Frankfurt am Main: Suhrkamp. 1974. S.28

Hennings, Hans Arp sind Namen, die mit dem „Cabaret Voltaire" in Verbindung gebracht werden. [29]

Keine Strömung der Kunst im 20. Jahrhundert war so weltumspannend wie Dadaismus. Es gab Dada-Zeitschriften in Italien, den Niederlanden, Polen, Österreich, Ungarn, Schweiz, Serbien, Rumänien und den USA.[30] In Deutschland gab es zwei große Dada-Grupierungen in Berlin und in Hannover.

In Berlin wurde Dada revolutionärer als in Zürich. 1918 wurde der Club Dada in Berlin gegründet. Es war eine Gruppe ohne feste Regeln, ohne fixierte Mitgliedschaft und ohne Festlegung auf ein gemeinsames Programm. Viele Züricher Dadaisten wie z. B. Hans Arp, Hugo Ball, Tristan Tzara sind mit diesem Club in Verbindung zu bringen. Richard Huelsenbeck (als Leiter), George Grosz sind andere bekannte Persönlichkeiten, die in diesem Club tätig waren. Sie haben Zeitschriften herausgegeben, Ausstellungen, Cabarets und Dada-Manifestationen organisiert. Ein Indiz für die Bekanntheit des Berliner Dadaismus waren Dada-Tourneen im Jahre 1920 in verschiedenen Städten Deutschlands. Die Berliner Dadaisten waren politisch engagiert. Sie strebten direkte politische Wirkungen an, indem sie den Staat und die Kirche attackierten.[31]

Die zweite Dada-Gruppe in Hannover, die sich um den talentierten Künstler Kurt Schwitters herauskristallisiert hat, hat bewusst keine klaren Aussagen in ihrer Kunst gemacht. Sie unterschied sich von dem Club Dada in Berlin und zeigte eine Nähe zur Züricher Dada-Gruppe. Bekenntnis zu einer neuen Kunst und zu einem offenen, erweiterten Kunstbegriff, besonderes Interesse am Material und am Experimentieren charakterisiert sie. [32]

Bisher der Kunst ferne Techniken, Medien, Materialien kamen in den Blick der Dadaisten und förderten ihr Interesse am Montieren und Collagieren. Zu den künstlerischen Darstellungsformen des Dadaismus gehören unter anderem Collagen, Fotomontagen und Ready-mades.

Collage war eine Technik der Bildenden Kunst, die von den Dadaisten aufgegriffen wurde. Durch das Aufkleben verschiedener Elemente z.B. Zeitungsausschnitte, Fotografien, Bänder, ein neues Ganzes geschaffen wird. Collage wird durch die Bedeutungslosigkeit des Materials und durch den Zufall als Herstellungsverfahren charakterisiert. Die Dada-Collagen fügen

---

[29] Korte Hermann: Die Dadaisten. Reinbek bei Hamburg: Rowohlt. 2003. S.32-40

[30] Ruhrberg, Karl. Manfred Schneckenburger. Christiane Fricke: Kunst des 20. Jahrhunderts. Malerei, Skulpturen und Objekte, Neue Medien, Fotografie. Hrsg. v. Ingo F. Walther. Köln: Taschen, 2002. S.119

[31] Korte Hermann: Die Dadaisten. Reinbek bei Hamburg: Rowohlt. 2003. S.59-66

[32] Korte Hermann: Die Dadaisten. Reinbek bei Hamburg: Rowohlt. 2003. S.91

keine harmonische Werkeinheit zusammen. Sie erzielen ihre Wirkung aus dem Zusammenstellen heterogener Einzelteile: Holz, Blech, Draht, Glas, Pappe, Abfallmaterialien oder zufällig gefundene Gegenstände.[33] Ein Beispiel dafür ist die Collage „*Schnitt mit dem Küchenmesser Dada durch die erste Weimarer Bierbauchkulturepoche Deutschlands*" von Hannah Höch.

Fotomontage ist eine spezielle Art der Collage. Sie besteht ganz oder zum großen Teil aus Fotografien. Durch die Fotomontage haben die Dadaisten die Wirklichkeit derart verfremdet, dass dem schockierten Betrachter das Alltägliche als das Außergewöhnliche gegenübertrat.[34]

Ready-made ist eine Art Provokation, bei der es um eine grundsätzliche Erweiterung des Kunstbegriffs geht. Es ist oft ein serienmäßig produziertes Objekt, das mit der Signatur des Künstlers versehen wird und in einer Kunstausstellung ausgestellt wird. Die Dadaisten haben damit das Individuum als Schöpfer des Kunstwerks radikal in Frage gestellt. Durch die Auswahl möglichst banaler Alltagsgegenstände lässt sich die These der Kunstschöpfung durch bloße Umfunktionalisierung demonstrieren. [35]

„*Das Wesentliche am Ready-made ist, dass es ausgestellt wird- ein nicht ausgestelltes Ready-made ist eigentlich gar nicht denkbar. Erst die Kunstausstellung macht das Ding zum Ready-made, ohne Konfrontation mit dem Kunstkontext würde das Objekt ein simpler Gegenstand bleiben*".[36] Das bekannteste Ready-made ist der „Springbrunnen" (Urinoir) von Marcel Duchamp.

7. Das Nichterreichte der Avantgarde

Man muss feststellen, dass einige avantgardistische Ziele nicht erreicht worden sind. Der Angriff der historischen Avantgardebewegungen auf die Institution Kunst ist gescheitert. Die Museen und Bibliotheken bestehen weiter und die Kunst hat ihren Autonomiestatus behalten.

„*Alle Kunst nach den historischen Avantgardebewegungen hat sich in der bürgerlichen Gesellschaft dieser Tatsache zu stellen; sie kann sich entweder mit ihrem Autonomie-Status abfinden oder Veranstaltungen unternehmen, um den Status zu durchbrechen, sie kann jedoch*

---

[33] Korte Hermann: Die Dadaisten. Reinbek bei Hamburg: Rowohlt. 2003. S.80 und 81

[34] Ruhrberg, Karl. Manfred Schneckenburger. Christiane Fricke: Kunst des 20. Jahrhunderts. Malerei, Skulpturen und Objekte, Neue Medien, Fotografie. Hrsg. v. Ingo F. Walther. Köln: Taschen, 2002. S.122

[35] Grabes, Herbert: Einführung in die Literatur und Kunst der Moderne und Postmoderne. Die Ästhetik des Fremden. Tübingen: Francke. 2004. S.35

[36] Korte Hermann: Die Dadaisten. Reinbek bei Hamburg: Rowohlt. 2003. S.112

nicht - ohne den Wahrheitsanspruch von Kunst preiszugeben –den Autonomie-Status einfach leugnen und die Möglichkeit unmittelbarer Wirkung unterstellen" [37]

Heutzutage sind die avantgardistischen Werke von uns als Kunstwerke anerkannt. Ein avantgardistisches Kunstwerk, welches oft nur ein zufälliger Fund ist, verliert seinen Charakter als Antikunst und wird zu einem autonomen Werk, neben anderen im Museum. Ein Beispiel dafür ist z.B. die dadaistische Kunst.

Dada hat immer darauf bestanden kein Museumsstück zu sein. Doch mit steigendem Ruhm, hochbezahlt und hochgeschätzt geriet sie am Ende trotzdem in die Museumshallen und Bibliotheken. Die Dada-Intentionen sind längst historisch geworden.

„Dada war eine Bombe", schrieb Max Ernst. Er hat vor vielen Jahren mit Blick auf eine geplante Dada-Ausstellung und ihre Besucher eine treffende Feststellung gemacht: *„Man wird Gegenstände zeigen und Collagen. Mit ihnen drücken wir unseren Eckel, unsere Empörung, unseren Aufruhr aus. Sie aber werden darin nur eine Phase oder wie sie es nennen, eine Etappe der Kunstgeschichte erblicken. Das ist genau das Gegenteil von dem, was Dada wollte".* [38]

Was Max Ernst beschrieben hat, kann man mit anderen Worten als „Verharmlosung durch wissenschaftliche Arbeit" bezeichnen. Den Begriff „Verharmlosung", im Zusammenhang mit dem literaturwissenschaftlichen Diskurs über den Dadaismus, hat neben Michael Erlhoff auch Peter Bürger verwendet. Bürger stellt fest, dass das Protestpotential des Dadaismus dadurch verdeckt wird, dass Dada zum Gegenstand von Seminaren und Vorträgen gemacht wurde, was auch dazu geführt hat, dass sie als Literaturbewegung neben anderen eingeordnet wurde.

Der dadaistische Angriff auf die Kultur, mit dem Ziel ihrer Destruktion, blieb ohne Erfolg aber man kann sich fragen, ob die Versuche der Fortsetzung von der Tradition der Avantgardebewegungen heutzutage erfolgreich sein könnten?

Zu diesem Thema teile ich die Meinung von Peter Bürger. Es ist auch meine Meinung, dass solche Versuche, wie z.B. Happenings nie den Protestwert dadaistischer Veranstaltungen erreichen könnten, weil die Mittel, die die Avantgardisten eingesetzt hatten, ihre Schockwirkung verloren haben.

Obwohl viele Wissenschaftler der Meinung sind, dass die Avantgarde auch bei dem Versuch, die Kunst in die Lebenspraxis zurückzuführen gescheitert ist, halte ich es persönlich nicht für angebracht. Die Künste sind in unser alltägliches Leben integriert. Als Beispiel dienen hier

---

[37] Bürger, Peter: Theorie der Avantgarde. Frankfurt am Main: Suhrkamp. 1974. S.78

[38] Korte Hermann: Die Dadaisten. Reinbek bei Hamburg: Rowohlt. 2003. S.11

vor allem: Plakat, Fotografie, Möbeldesign, Film oder Buchgestaltung. Architekten, Gebrauchsgraphiker, Werbefilmer sorgen dafür, dass die Kunst in unserem Leben immer präsent sein wird. Wir sind dem Prozess der Ästhetisierung des Alltäglichen ausgesetzt.

Literaturverzeichnis

Apollonio, Umbro: Der Futurismus. Manifeste und Dokumente einer künstlerischen Revolution 1909-1918.Köln: Verlag M. DuMont Schauberg. 1972.

Barck, Karlheinz: Avantgarde. In: Ästhetische Grundbegriffe. Hrsg. Von K.Barck, M. Fontius, D. Schlenstedt, B. Steinwachs, F. Wolfzettel. J.B. Metzler.

Bürger, Peter: Theorie der Avantgarde. Frankfurt am Main: Suhrkamp. 1974.

Dröge, Franz, Michael Müller: Die Macht der Schönheit. Die Avantgarde und Faschismus oder die Geburt der Massenkultur, Hamburg 1995.

Grabes, Herbert: Einführung in die Literatur und Kunst der Moderne und Postmoderne. Die Ästhetik des Fremden. Tübingen: Francke. 2004.

Klinger, Cornelia: Flucht, Trost, Revolte. Die Moderne und ihre ästhetischen Gegenwelten. München, Wien: Carl Hanser. 1995. S. 195-218

Korte Hermann: Die Dadaisten. Reinbek bei Hamburg: Rowohlt. 2003.

Müller, Hans Herman: Kunstgeschichte II. 19. und 20. Jahrhundert. Mannheim: Duden. 2003.

Reinhold Grimm, Jost Hermand (Hrsg.): Faschismus und Avantgarde. Königstein: Athenäum, 1980.

Ruhrberg, Karl. Manfred Schneckenburger. Christiane Fricke: Kunst des 20. Jahrhunderts. Malerei, Skulpturen und Objekte, Neue Medien, Fotografie. Hrsg. v. Ingo F. Walther. Köln: Taschen, 2002.

http://www.ish.uni-hannover.de/Dateien/staff/lh/psy_plak1_lh.html